BRIGITTE NAMOUR
FOTOS: NATHANAËL TURPIN-GRISET

GEFÜLLTE SNACKS

herzhaft & süß

INHALT

- Der richtige Teig 6
- Mürbeteig 7
- So gelingen die kleinen Teigtaschen 8

KLEINE UND GRÖSSERE TEIGTASCHEN

- mit Comté und Räucherspeck 10
- mit Tomaten und Thymian-Tapenade 12
- mit Blutwurst, Möhren und Nüssen 14
- mit Sardinen, Kreuzkümmel und Salzzitrone 16
- mit Kabeljau, Paprika und Oliven 18
- mit Zwiebelconfit, Pinienkernen und Rosinen 20
- mit Fenchel, getrockneten Tomaten und Kapern 21
- mit Ricotta und Artischocken 22
- mit Schafskäse und Chorizo 24
- mit Steinpilzen, Schinken und Kerbel 26
- mit Camembert, Sauerampfer und Kümmel 28
- mit Roquefort und Nüssen 29

SAMOSAS, EMPANADAS & CO.

- Böreks mit Feta und Sesam 30
- Mini-Calzones mit Mozzarella und Pesto 32
- Bricks mit Thunfisch und Salzzitrone 34
- Bricks mit Bacon und Ei 36

- Samosas mit Zucchini und Kurkuma 37
- Samosas mit Garnelen und Kokosnuss 38
- Samosas mit Spinat, Curry und Mandeln 40
- Empanadas mit Hühnchen und Guacamole 41
- Empanadas mit Tomaten, Paprika und Chili 42
- Tiropitas mit Auberginen und Feta 44
- Piroggen mit würziger Hackfüllung 46
- Sambusak mit Lamm und Pinienkernen 48

SÜSSE TEIGTASCHEN

- mit Apfel, Rhabarber und Ingwer 50
- mit Ananas und Kokosnuss 52
- mit Nugatschokolade 54
- Bananen-Teigtaschen mit Mohn 56
- mit Erdbeeren, Frischkäse und schwarzem Pfeffer 58
- mit Mascarpone und Kaffee-Kakao-Aroma 60
- mit Datteln und Mandelblättchen 61
- mit Birne, Erdnüssen und Pistazien 62
- mit Ricotta, Himbeeren und Zitronen 64
- mit Mango, Ingwer und Limette 66
- mit Aprikose, Sesam und Honig 68
- mit Sauerkirschen und Maronencreme 70
- Ausgebackene Apfeltaschen 72
- mit Backpflaumen und Pekannüssen 74
- mit Orange und salzigem Karamell 76

DER RICHTIGE TEIG

Mürbeteig und Blätterteig eignen sich perfekt für kleine Teigtaschen – süß oder salzig, knusprig, goldbraun und innen weich. Beim Mürbeteig kommt es dabei auf die Zubereitung an: Die Gefahr besteht, dass die fertige Teigtasche trocken und brüchig wird. Aus Pizzateig lassen sich Mini-Calzones herstellen; feine Brick- oder Filoteigblätter sorgen für luftige Snacks mit mediterranem Touch.

Mürbeteig können Sie ganz leicht selbst machen – das hat den Vorteil, dass Sie selbst die Zutaten und Geschmacksrichtungen bestimmen können. Blätterteig herzustellen ist hingegen viel zu langwierig und kompliziert; ihn sollten Sie fertig kaufen. Vielleicht kennen Sie Ihren Bäcker oder Konditor ja so gut, dass er Ihnen welchen verkauft. Ansonsten finden Sie fertige Teige im Kühlregal oder in der Tiefkühltruhe des Supermarktes. Wählen Sie immer einen Teig, der ordentlich Eier und Butter enthält.

Wenn Ihnen für einen selbst gemachten Mürbeteig die Zeit fehlt, Sie aber schnelle Snacks mit persönlicher Note zaubern wollen, von denen man denkt, dass Sie dafür lange in der Küche gestanden haben: Kaufen Sie einen guten Fertigteig und verändern Sie ihn nach Ihren Wünschen!

Einen Fertigteig aromatisieren

Bestreuen Sie den Teig nach dem Ausrollen mit Körnern nach Wahl (Kreuzkümmel, Sesam, Mohn …) und rollen Sie nochmals mit dem Nudelholz darüber, um sie gut in den Teig einzuarbeiten. Drehen Sie den Teig dann vorsichtig um, stechen Sie Kreise aus und füllen Sie Ihre Teigtaschen.

Kurz bevor die Teigtaschen in den Ofen kommen: Mischen Sie eine Prise Gewürze nach Wahl (Curry, Kreuzkümmel, Koriander, Viergewürz, Safran, Ingwer …) mit einem verquirlten Ei und bestreichen Sie die Teigtaschen damit.

MÜRBETEIG

ZUBEREITUNGSZEIT: 10 MINUTEN
RUHEZEIT: 1 STUNDE
BACKZEIT: 15 MINUTEN

Für 250 g Teig

- 125 g Butter
- 250 g Mehl
- 50 ml Wasser
- 1 Prise Salz
- 1 Eigelb

- Die Butter in kleine Würfel schneiden.
- Das Mehl auf die Arbeitsfläche geben und in die Mitte eine Vertiefung drücken. Wasser und Salz, dann die Butter hineingeben; mit den Fingerspitzen verkneten.
- Das Eigelb hinzugeben und den Teig rasch verkneten.
- Den Teig zu einer Kugel formen, in Frischhaltefolie wickeln und 1 Stunde in den Kühlschrank legen.

Den Teig aromatisieren: Zusammen mit Wasser und Salz 1 Prise Gewürzpulver nach Wahl hinzugeben (Kreuzkümmel, Ingwer, Koriander, Kurkuma, Curry …), Körner (Sesam, Kreuzkümmel, Kümmel, Mohn, Leinsamen …), einige Tropfen natürliches Aroma oder essenzielle Öle (Koriander, Basilikum, Thymian, Minze …), welche den Vorteil haben, beim Backen ihr Aroma gut zu erhalten.

Konsistenz und Farbe des Teiges variieren: Verschiedene Mehlsorten zu gleichen Teilen mischen – zum Weizenmehl können z.B. Kastanienmehl, Maismehl oder Buchweizenmehl hinzukommen. Sie können auch natürliche Lebensmittelfarben oder schwarze Sepiatinte in das Wasser geben.

Einen süßen Mürbeteig machen: Zusammen mit Wasser und Salz 40 g Zucker hinzugeben – und, nach Wahl: 1 Tütchen Vanillezucker, 1 Prise gemahlenen Zimt oder Ingwer, 1 EL Orangenblütenwasser oder Kakao, einige Tropfen natürliches Aroma oder essenzielles Öl (Bergamotte, Lavendel, Rose …).

Der Trick für einen guten Mürbeteig: Den Teig nicht zu lange bearbeiten, sondern zügig vorgehen! Der Teig kann auch gut in der Küchenmaschine und bereits am Vortag geknetet werden.

SO GELINGEN DIE KLEINEN TEIGTASCHEN

Für die hübschen kleinen Snacks brauchen Sie keine speziellen Küchenutensilien.

Blätter- oder Mürbeteig

- Den Teig dünn ausrollen, dann mit einem Ausstechförmchen oder einem umgedrehten Glas Kreise mit 8 bis 12 cm Durchmesser ausstechen.

- Eine kleine Menge Füllung auf den unteren Teil jedes Kreises legen (nicht zu viel, da die Füllung sonst herausquillt). Den oberen Teil des Kreises darüber klappen, um die Teigtasche zu schließen. Den Rand rundherum mit den Zinken einer Gabel festdrücken, sodass die Taschen gut verschlossen sind und auch noch ein schönes Muster bekommen.

- Mit der Gabel Muster in die Oberseite der Teigtaschen ziehen: Streifen, Karos, Strichlinien …

Oder aus Teigresten hübsche Ornamente nach Wahl formen (Sterne, Herzen, Kreuze …) und vor dem Backen mit etwas Eigelb auf die Teigtaschen kleben.

Im Handel gibt es auch Backformen für Teigtaschen in verschiedenen Größen. So verwendet man sie mit selbst gemachtem Mürbeteig:

- Die Teigkugel ausrollen und in 6 oder 12 Portionen teilen.

- Diese in der Größe der Formen dünn ausrollen.

- Die Teigstücke in die Formen legen.

- Je eine kleine Menge Füllung darauf legen, den Teig darüberklappen und die Ränder gut zusammendrücken.

BRICK- ODER FILOTEIG (RUNDE TEIGBLÄTTER)

- Jedes Blatt halbieren. Die Rundung jedes Halbkreises so abklappen, dass ein rechteckiger Streifen entsteht. Diesen mit Öl oder zerlassener Butter bepinseln.

- Je eine kleine Menge Füllung auf das obere Ende des Streifens geben. Den Rand oben so umklappen, dass ein Dreieck entsteht, das die Füllung umhüllt.

- Auf ganzer Länge einrollen, dabei die Dreiecksform beibehalten. Das Ende des Teigstreifens unter dem Dreieck festdrücken, um die Teigtasche zu verschließen.

- Je nach Rezept im Ofen oder in der Pfanne backen.

TIPPS UND TRICKS

– Den Teig so fein ausrollen, dass die Teigtaschen später nicht zu teiglastig werden, aber auch nicht so fein, dass der Teig beim Backen einreißt. Fertige Mürbe- und Blätterteige, die man nur noch auseinanderrollen muss, sind da meist gerade richtig.

– Die Füllung schmeckt noch besser, wenn sie schon am Vortag zubereitet und über Nacht im Kühlschrank aufbewahrt wurde.

– Sie können die Teigtaschen prima ganz vorbereiten und später nur noch aufbacken, am besten schmecken sie aber am Backtag selbst, wenn sie frisch aus dem Ofen kommen.

– Die Teigtaschen können auch eingefroren und noch gefroren in den heißen Backofen geschoben werden. Die Backzeit verlängert sich dann um 5 Minuten.

MIT COMTÉ UND RÄUCHERSPECK

ZUBEREITUNGSZEIT: 30 MINUTEN
BACKZEIT: 15 BIS 20 MINUTEN

Für 12 Mini-Teigtaschen

- 250 g selbst gemachter Mürbeteig (siehe S. 7) oder Fertigteig
- 200 g Räucherspeck, gewürfelt
- 1 Schalotte
- 100 g Comté
- 1 EL neutrales Öl
- frisch gemahlener Pfeffer
- 1 Eigelb

• Den Backofen auf 180 °C vorheizen.

• Den Teig auf der Arbeitsfläche dünn ausrollen.

• Den Räucherspeck in der Küchenmaschine zermahlen. 2 Minuten in einer antihaftbeschichteten Pfanne ohne Fettzugabe anbräunen lassen. Auf einen Teller geben.

• Die Schalotte schälen und hacken. In der Pfanne im Öl 2 bis 3 Minuten auf niedriger Stufe andünsten. Den Comté reiben.

• Den Speck in einer Schüssel mit der Schalotte und 80 g des geriebenen Comté mischen. Pfeffern (aber nicht salzen).

• Aus dem Teig 12 Kreise mit je 8 cm Durchmesser ausstechen. Jeweils mit einer kleinen Menge Comté-Speck-Füllung belegen und die Teigtaschen formen (siehe S. 8).

• Die Teigtaschen auf ein mit Backpapier belegtes Backblech legen. Mit dem verquirlten Eigelb bepinseln, mit dem Rest des Comté bestreuen.

• Die Teigtaschen 15 bis 20 Minuten im Ofen backen. Heiß oder lauwarm zum Aperitif reichen.

MIT TOMATEN UND THYMIAN-TAPENADE

ZUBEREITUNGSZEIT: 30 MINUTEN
BACKZEIT: 15 BIS 20 MINUTEN

Für 12 Mini-Teigtaschen

- 250 g selbst gemachter Mürbeteig (siehe S. 7) oder Fertigteig
- 1 Knoblauchzehe
- 250 g Tomatenwürfel (aus der Dose)
- 1 EL Thymian (TK)
- Salz, frisch gemahlener Pfeffer
- 30 g fertige Tapenade (Olivenpaste)
- 1 Eigelb

- Den Backofen auf 180 °C vorheizen.
- Den Teig auf der Arbeitsfläche dünn ausrollen.
- Die Knoblauchzehe schälen und durchpressen. Das Tomatenfruchtfleisch abtropfen lassen.
- Die Tomaten in einen Topf geben und 6 bis 8 Minuten mit dem Knoblauch und der Hälfte des Thymians zu Püree einkochen lassen. Salzen und pfeffern.
- Den Teig mit Tapenade bestreichen und 12 Kreise mit je 8 cm Durchmesser ausstechen. Jeweils mit einer kleinen Menge Tomatenpüree belegen und die Teigtaschen formen (siehe S. 8).
- Das Eigelb in einer Schüssel mit dem Rest des Thymians verquirlen.
- Die Teigtaschen auf ein mit Backpapier belegtes Backblech legen. Mit dem Thymian-Eigelb bepinseln.
- Die Teigtaschen 15 bis 20 Minuten im Ofen backen. Heiß oder lauwarm zum Aperitif reichen.

MIT BLUTWURST, MÖHREN UND NÜSSEN

ZUBEREITUNGSZEIT: 30 MINUTEN
BACKZEIT: 15 BIS 20 MINUTEN

Für 6 Teigtaschen

- 250 g Blätterteig
- 150 g Blutwurst
- 150 g Möhrenpüree
- 50 g Haselnüsse
- 1 Prise gemahlener Zimt
- 1 Eigelb
- Salz, frisch gemahlener Pfeffer

• Den Backofen auf 180 °C vorheizen.

• Den Blätterteig auf der Arbeitsfläche ausrollen.

• Die Blutwurstpelle abziehen, das Wurstbrät mit der Gabel zerdrücken.

• Das Möhrenpüree in einem kleinen Topf erhitzen, mit Salz, Pfeffer und Zimt würzen.

• Die Haselnüsse grob hacken.

• Aus dem Teig 6 Kreise mit je 12 cm Durchmesser ausstechen. Jeweils mit einer kleinen Menge Püree und etwas Wurstbrät belegen, dann die Teigtaschen formen (siehe S. 8).

• Die Teigtaschen auf ein mit Backpapier belegtes Backblech legen. Mit dem verquirlten Eigelb bepinseln, mit den Nusssplittern bestreuen.

• Die Teigtaschen 15 bis 20 Minuten im Ofen backen. Heiß zu einem Feldsalat genießen.

MIT SARDINEN, KREUZKÜMMEL UND SALZZITRONE

ZUBEREITUNGSZEIT: 30 MINUTEN
RUHEZEIT: 1 STUNDE
BACKZEIT: 15 BIS 20 MINUTEN

Für 12 Mini-Teigtaschen

Für den Mürbeteig

- 125 g Butter
- 250 g Mehl
- 50 ml Wasser
- 2 EL Kreuzkümmelkörner
- 1 Prise Salz
- 1 Eigelb

Für die Füllung

- 1 Dose Sardinen in Olivenöl
- 2 Salzzitronen
- ½ TL gemahlener Kreuzkümmel
- frisch gemahlener Pfeffer
- 1 Eigelb
- 2 EL frischer Koriander, zerzupft

• Den Mürbeteig nach den Anweisungen auf S. 7 herstellen, die Kreuzkümmelkörner zusammen mit dem Wasser zum Teig geben. Den Teig zu einer Kugel formen und 1 Stunde kühl stellen.

• Den Backofen auf 180 °C vorheizen.

• Die Sardinen abtropfen lassen, dann mit 1 Salzzitrone pürieren. Mit Pfeffer und Kreuzkümmel würzen.

• Die andere Salzzitrone in Scheiben schneiden.

• Den Teig auf der Arbeitsfläche dünn ausrollen und 12 Kreise mit je 8 cm Durchmesser ausstechen. Je eine kleine Menge Sardinenfüllung daraufgeben und die Teigtaschen formen (siehe S. 8).

• Die Teigtaschen auf ein mit Backpapier belegtes Backblech legen. Mit dem verquirlten Eigelb bepinseln, mit den Zitronenscheiben garnieren.

• Die Teigtaschen 15 bis 20 Minuten im Ofen backen. Heiß oder lauwarm mit Koriander bestreut servieren.

TIPP

Wenn Sie einen fertigen Teig verwenden, können Sie den ausgerollten Teig mit Kreuzkümmelkörnern bestreuen, die Sie mit dem Nudelholz gut einarbeiten.

MIT KABELJAU, PAPRIKA UND OLIVEN

ZUBEREITUNGSZEIT: 30 MINUTEN
RUHEZEIT: 1 STUNDE
BACKZEIT: 15 BIS 20 MINUTEN

Für 6 Teigtaschen

Für den Mürbeteig

- 125 g Butter
- 125 g Weizenmehl
- 125 g Maismehl
- 50 ml Wasser
- 1 Prise Salz
- 1 Eigelb

Für die Füllung

- 150 g gekochtes Kabeljaufilet
- 1 Knoblauchzehe
- 1 EL Olivenöl
- Salz, frisch gemahlener Pfeffer
- 1 eingelegte rote Paprika
- 1 EL glatte Petersilie, gehackt
- 12 schwarze Oliven
- 1 Eigelb

- Den Mürbeteig nach den Anweisungen auf S. 7 herstellen, dabei die beiden Mehlsorten mischen. Den Teig zu einer Kugel formen und 1 Stunde kühl stellen.
- Den Backofen auf 180 °C vorheizen.
- Das Fischfilet mit der geschälten Knoblauchzehe und dem Olivenöl pürieren, salzen und pfeffern. Die Mischung in eine Schüssel geben.
- Die Paprika sehr fein würfeln. Mit der Petersilie in die Schüssel geben, alles gut vermengen.
- Die Oliven entsteinen und in Scheiben schneiden.
- Den Teig auf der Arbeitsfläche dünn ausrollen und 6 Kreise mit je 12 cm Durchmesser ausstechen. Je eine kleine Menge Fischfüllung daraufgeben und die Teigtaschen formen (siehe S. 8).
- Die Teigtaschen auf ein mit Backpapier belegtes Backblech legen. Mit dem verquirlten Eigelb bepinseln und mit den Olivenscheiben belegen.
- Die Teigtaschen 15 bis 20 Minuten im Ofen backen. Heiß zu einer Ratatouille genießen.

MIT ZWIEBELCONFIT, PINIENKERNEN UND ROSINEN

ZUBEREITUNGSZEIT: 30 MINUTEN
BACKZEIT: 15 BIS 20 MINUTEN

Für 12 Mini-Teigtaschen

- 30 g Rosinen
- 250 g Blätterteig
- 150 g Zwiebeln
- 3 EL Olivenöl
- Salz, frisch gemahlener Pfeffer
- 1 TL Honig
- 30 g Pinienkerne
- 2 EL frischer Koriander, zerzupft
- Zucker

• Die Rosinen in einer Schüssel mit lauwarmem Wasser 15 Minuten einweichen.

• Den Backofen auf 180 °C vorheizen.

• Den Blätterteig auf der Arbeitsfläche ausrollen.

• Die Zwiebeln schälen und hacken. In einer Pfanne in 1 EL Olivenöl auf niedriger Stufe glasig dünsten. Salzen und pfeffern. Den Honig dazugeben, gut vermengen und die Zwiebeln leicht karamellisieren lassen.

• Einige Pinienkerne für die Dekoration beiseitelegen, den Rest in einer antihaftbeschichteten Pfanne ohne Fettzugabe 2 Minuten goldbraun rösten.

• Die karamellisierten Zwiebeln in einer Schüssel mit den gerösteten Pinienkernen, den abgetropften Rosinen und dem Koriander mischen.

• Aus dem Teig 12 Kreise mit je 8 cm Durchmesser ausstechen. Je eine kleine Menge Zwiebelfüllung daraufgeben und die Teigtaschen formen (siehe S. 8).

• Die Teigtaschen auf ein mit Backpapier belegtes Backblech legen und mit Olivenöl bepinseln. Mit den beiseitegelegten Pinienkernen dekorieren und ganz leicht mit Zucker bestreuen.

• Die Teigtaschen 15 bis 20 Minuten im Ofen backen. Lauwarm genießen – sie passen sehr gut zu einer Ziegenkäseplatte.

MIT FENCHEL, GETROCKNETEN TOMATEN UND KAPERN

ZUBEREITUNGSZEIT: 30 MINUTEN
BACKZEIT: 15 BIS 20 MINUTEN

Für 6 Teigtaschen

- 1 EL Knoblauch, gehackt
- 1 EL Oregano, getrocknet
- 5 EL Olivenöl
- 250 g (fertiger) Pizzateig
- 150 g Fenchel
- Salz, frisch gemahlener Pfeffer
- 50 g getrocknete Tomaten in Öl
- 1 EL Kapern in Essig

• Den Backofen auf 180 °C vorheizen.

• Den Knoblauch mit dem Oregano und 4 EL Olivenöl vermischen, beiseitestellen.

• Den Pizzateig auf der Arbeitsfläche ausrollen.

• Den Fenchel in kleine Würfel schneiden, in einer Pfanne in 1 EL Olivenöl etwa 10 Minuten weich dünsten. Salzen und pfeffern, in eine Schüssel geben.

• Die Tomaten abtropfen lassen und in sehr kleine Stücke schneiden. Mit den abgetropften Kapern in die Schüssel geben und vermengen.

• Aus dem Teig 6 Kreise mit je 12 cm Durchmesser ausstechen. Je eine kleine Menge Fenchelfüllung daraufgeben und die Teigtaschen formen (siehe S. 8).

• Die Teigtaschen auf ein mit Backpapier belegtes Backblech legen, 15 bis 20 Minuten im Ofen backen.

• Aus dem Ofen nehmen, sofort mit dem Knoblauch-Oregano-Öl bepinseln. Noch heiß zu gegrilltem Fisch genießen.

MIT RICOTTA UND ARTISCHOCKEN

ZUBEREITUNGSZEIT: 30 MINUTEN
RUHEZEIT: 1 STUNDE
BACKZEIT: 15 BIS 20 MINUTEN

Für 6 Teigtaschen

Für den Mürbeteig

- 125 g Butter
- 150 g Weizenmehl
- 100 g Kastanienmehl
- 50 ml Wasser
- 1 Prise Salz
- 1 Eigelb

Für die Füllung

- 150 g Artischockenböden, vorgekocht
- 50 g Ricotta
- Salz, frisch gemahlener Pfeffer
- Olivenöl

- Den Mürbeteig nach den Anweisungen auf S. 7 herstellen, dabei die beiden Mehlsorten mischen. Den Teig zu einer Kugel formen und 1 Stunde kühl stellen.
- Den Backofen auf 180 °C vorheizen.
- Die Artischockenböden mit dem Ricotta pürieren. Salzen und pfeffern.
- Den Teig auf der Arbeitsfläche dünn ausrollen, 6 Kreise mit je 12 cm Durchmesser ausstechen. Jeweils mit einer kleinen Menge Artischocken-Ricotta-Füllung belegen und die Teigtaschen formen (siehe S. 8).
- Die Teigtaschen auf ein mit Backpapier belegtes Backblech legen. Mit einer Gabel einige Furchen in den Teig ziehen, die Teigtaschen dann mit Olivenöl bepinseln.
- Die Teigtaschen 15 bis 20 Minuten im Ofen backen. Am besten schmecken sie heiß serviert zu gebratenem Geflügel und einer Champignonsoße.

TIPP

Noch besser schmeckt es mit etwas Pesto!

MIT SCHAFSKÄSE UND CHORIZO

ZUBEREITUNGSZEIT: 30 MINUTEN
BACKZEIT: 15 BIS 20 MINUTEN

Für 12 Mini-Teigtaschen

- 250 g Blätterteig
- 150 g würzige Chorizo, in Scheiben
- 100 g frischer Schafskäse
- Salz
- Piment d'Espelette
- 1 Eigelb

• Den Backofen auf 180 °C vorheizen.

• Den Blätterteig auf der Arbeitsfläche ausrollen.

• Die Chorizo in sehr kleine Würfel schneiden. In einer Schüssel mit dem Schafskäse mischen. Salzen und 1 oder 2 Prisen Piment d'Espelette hinzufügen.

• Aus dem Teig 12 Kreise mit je 8 cm Durchmesser ausstechen. Jeweils mit einer kleinen Menge Chorizo-Schafskäse-Füllung belegen und die Teigtaschen formen (siehe S. 8).

• Die Teigtaschen auf ein mit Backpapier belegtes Backblech legen. Mit dem verquirlten Eigelb bepinseln. 15 bis 20 Minuten im Ofen backen.

• Aus dem Ofen nehmen, leicht mit Piment d'Espelette bestreuen. Heiß oder lauwarm zum Aperitif reichen.

TIPP

Beim Brunch schmecken diese Teigtaschen sehr gut zu Rührei!

MIT STEINPILZEN, SCHINKEN UND KERBEL

ZUBEREITUNGSZEIT: 30 MINUTEN
BACKZEIT: 15 BIS 20 MINUTEN

Für 12 Mini-Teigtaschen

- 1 EL gehackte Schalotte
- 1 EL neutrales Öl
- 60 g getrocknete Steinpilze
- 150 g roher Schinken
- 2 EL frischer Kerbel, zerzupft
- Salz, frisch gemahlener Pfeffer
- 250 g Blätterteig
- 1 Eigelb

• Den Backofen auf 180 °C vorheizen.

• Die Schalotte in einer Pfanne auf niedriger Stufe 3 Minuten im Öl andünsten.

• Die Steinpilze bröselig hacken, beiseitestellen.

• Den Schinken hacken, in einer Schüssel mit der Schalotte und dem Kerbel mischen, salzen und pfeffern.

• Den Blätterteig auf der Arbeitsfläche ausrollen.
1 TL der Steinpilze beiseitestellen, den Rest über den Teig streuen und einarbeiten.

• Aus dem Teig 12 Kreise mit je 8 cm Durchmesser ausstechen. Jeweils mit einer kleinen Menge Schinken-Schalotten-Füllung belegen und die Teigtaschen formen (siehe S. 8).

• Aus den Teigresten kleine Riemchen formen und zur Dekoration kreuzförmig auf die Teigtaschen legen.

• Das Eigelb in einer Schüssel mit den restlichen Steinpilzen verquirlen.

• Die Teigtaschen auf ein mit Backpapier belegtes Backblech legen. Mit der Steinpilz-Eigelb-Mischung bepinseln.

• Die Teigtaschen 15 bis 20 Minuten im Ofen backen. Heiß oder lauwarm zum Aperitif reichen.

MIT CAMEMBERT, SAUERAMPFER UND KÜMMEL

ZUBEREITUNGSZEIT: 25 MINUTEN
BACKZEIT: 15 BIS 20 MINUTEN

Für 12 Mini-Teigtaschen

- 100 g Sauerampfer
- 1 Klacks Butter
- Salz, frisch gemahlener Pfeffer
- 150 g Camembert
- 250 g selbst gemachter Mürbeteig (siehe S. 7) oder Fertigteig
- 30 g Kümmelkörner
- 1 Eigelb

• Den Backofen auf 180 °C vorheizen.

• Den Sauerampfer waschen, 3 Minuten in einer Pfanne mit der Butter andünsten. Gründlich ausdrücken, salzen und pfeffern.

• Den Camembert entrinden und in 12 Würfel schneiden.

• Den Teig auf der Arbeitsfläche dünn ausrollen. Mit den Kümmelkörnern bestreuen, diese mit dem Nudelholz gut in den Teig einarbeiten. Den Teig vorsichtig umdrehen, damit die Körner auf der Außenseite liegen.

• Aus dem Teig 12 Kreise mit je 8 cm Durchmesser ausstechen. Jeweils mit einer kleinen Menge Sauerampfer und 1 Camembert-Würfel belegen und die Teigtaschen formen (siehe S. 8).

• Die Teigtaschen auf ein mit Backpapier belegtes Backblech legen. Mit dem verquirlten Eigelb bepinseln.

• Die Teigtaschen 15 bis 20 Minuten im Ofen backen. Heiß oder lauwarm zum Aperitif reichen.

MIT ROQUEFORT UND NÜSSEN

ZUBEREITUNGSZEIT: 25 MINUTEN
BACKZEIT: 15 BIS 20 MINUTEN

Für 12 Mini-Teigtaschen

- 200 g Roquefort
- 1 TL Crème fraîche
- Salz, frisch gemahlener Pfeffer
- 60 g Haselnüsse
- 250 g selbst gemachter Mürbeteig (siehe S. 7) oder Fertigteig
- 1 Eigelb

• Den Backofen auf 180 °C vorheizen.

• Den Roquefort in einer Schüssel zusammen mit der Crème fraîche zu einer weichen Masse zerdrücken. Salzen und pfeffern.

• Die Haselnüsse grob hacken.

• Den Teig auf der Arbeitsfläche dünn ausrollen. Mit den Haselnusssplittern bestreuen, diese mit dem Nudelholz gut in den Teig einarbeiten. Den Teig vorsichtig umdrehen, damit die Nüsse auf der Außenseite liegen.

• Aus dem Teig 12 Kreise mit je 8 cm Durchmesser ausstechen. Jeweils mit einer kleinen Menge Roquefort-Creme belegen und die Teigtaschen formen (siehe S. 8).

• Die Teigtaschen auf ein mit Backpapier belegtes Backblech legen. Mit dem verquirlten Eigelb bepinseln.

• Die Teigtaschen 15 bis 20 Minuten im Ofen backen. Heiß servieren – sie schmecken sehr gut zu einem Endiviensalat mit Haselnussöl.

BÖREKS MIT FETA UND SESAM

ZUBEREITUNGSZEIT: 25 MINUTEN
BACKZEIT: 15 MINUTEN

Für 12 Mini-Teigtaschens

- 1 Bund glatte Petersilie
- 300 g Feta
- 1 Ei + 1 Eigelb
- Salz, frisch gemahlener Pfeffer
- 6 runde Blätter Brick- oder Filoteig
- 30 g geröstete Sesamkörner

• Den Backofen auf 200 °C vorheizen.

• Die Petersilie zerzupfen.

• Den Feta in einer Schüssel mit dem Ei mischen. Die Petersilie hinzugeben, leicht salzen und pfeffern, alles vermengen.

• Die Brick- oder Filoteigblätter halbieren. Nach den Anweisungen auf S. 9 jede Teighälfte mit etwas Feta-Füllung belegen und die Teigtaschen formen. Auf ein mit Backpapier belegtes Backblech legen.

• Das Eigelb in einer Schüssel mit den Sesamkörnern verquirlen. Die Teigtaschen damit bepinseln.

• Die Teigtaschen 15 Minuten im Ofen backen, bis sie schön goldbraun sind. Heiß zum Aperitif reichen.

MINI-CALZONES MIT MOZZARELLA UND PESTO

ZUBEREITUNGSZEIT: 25 MINUTEN
BACKZEIT: 15 BIS 20 MINUTEN

Für 12 Mini-Calzones

- 250 g (fertiger) Pizzateig
- 3 EL Pesto
- 150 g Mozzarella
- Salz, frisch gemahlener Pfeffer
- 2 EL Olivenöl
- 1 TL essenzielles Basilikumöl

- Den Backofen auf 180 °C vorheizen.
- Den Pizzateig auf der Arbeitsfläche ausrollen, mit dem Pesto bestreichen.
- Den Mozzarella in 12 Würfel schneiden.
- Aus dem Teig 12 Kreise mit je 8 cm Durchmesser ausstechen. Jeweils mit 1 Käsewürfel belegen. Salzen und pfeffern, dann die Calzones formen (siehe S. 8).
- Die Calzones auf ein mit Backpapier belegtes Backblech legen. 15 bis 20 Minuten im Ofen backen.
- Aus dem Ofen nehmen, mit einer Mischung aus Oliven- und Basilikumöl bepinseln. Heiß oder lauwarm zum Aperitif reichen.

TIPP

Wer einen guten (und netten) Pizzabäcker in der Nähe hat, kann dort sicher frische, hausgemachte Pizzateig-Kugeln kaufen!

BRICKS MIT THUNFISCH UND SALZZITRONE

ZUBEREITUNGSZEIT: 30 MINUTEN
BACKZEIT: 15 MINUTEN

Für 12 Bricks

- 2 Salzzitronen
- 2 Schalotten
- ½ Bund frische Minze
- ½ Bund frischer Koriander
- 400 g Thunfisch in Öl
- Salz, frisch gemahlener Pfeffer
- 6 runde Blätter Brick- oder Filoteig
- 2 EL Olivenöl

• Den Backofen auf 200 °C vorheizen.

• Die Salzzitronen in kleine Würfel schneiden.

• Die Schalotten schälen und hacken. Minze und Koriander waschen und zerzupfen.

• Den abgetropften Thunfisch in einer Schüssel mit den Zitronenwürfeln, den Schalotten und den Kräutern mischen. Salzen und pfeffern.

• Die Brick- oder Filoteigblätter halbieren. Nach den Anweisungen auf S. 9 jede Teighälfte mit etwas Thunfisch-Füllung belegen und die Bricks formen.

• Die Bricks auf ein mit Backpapier belegtes Backblech legen. Mit Olivenöl bepinseln.

• Die Bricks 15 Minuten im Ofen backen, bis sie schön goldbraun sind. Heiß servieren – am besten mit einem Tomatensalat.

TIPP

Beim Brickteig brauchen Sie mit Öl oder zerlassener Butter nicht zu geizen: Diesen Teig bestreicht man auch gern auf beiden Seiten!

BRICKS MIT BACON UND EI

ZUBEREITUNGSZEIT: 30 MINUTEN
BACKZEIT: 15 MINUTEN

Für 4 Bricks

- 4 Blätter Brickteig
- 4 Scheiben Bacon
- 4 Eier
- 2 Tomaten
- 30 g Pinienkerne
- ½ Bund glatte Petersilie
- Olivenöl
- Salz, frisch gemahlener Pfeffer

• Die Tomaten waschen und vierteln. Die Kerne herausschaben und das Fruchtfleisch in kleine Würfel schneiden.

• Die Bacon-Scheiben in einer antihaftbeschichteten Pfanne ohne Fettzugabe auf niedriger Stufe 2 Minuten von jeder Seite anbräunen. In kleine Streifen schneiden.

• In der gleichen Pfanne die Pinienkerne ohne weitere Fettzugabe 2 bis 3 Minuten auf niedriger Stufe rösten.

• Die Petersilie waschen und zerzupfen.

• Den Bacon in einer Schüssel mit Tomatenstücken, Pinienkernen und Petersilie mischen.

• Die Teigblätter auf der Arbeitsfläche ausbreiten und auf jeder Seite mit Öl bepinseln. Die Füllung jeweils in die Mitte der Teigblätter geben. Je 1 Ei darüber aufschlagen, salzen und pfeffern. Jedes Teigblatt zweimal zusammenklappen, bis eine Teigtasche entsteht – vorsichtig, damit das Ei nicht kaputtgeht.

• In 2 großen Pfannen je 2 EL Olivenöl erhitzen. Jeweils 1 Brick vorsichtig in jede Pfanne gleiten lassen, dabei die Teigränder zusammenhalten (beim Backen werden sie dann „zusammengeschweißt"). So lange in der Pfanne backen, bis das Eiweiß gestockt ist. Die Bricks auf Teller geben und unter Alufolie warm halten. Mit den restlichen beiden Bricks ebenso verfahren.

• Die Bricks heiß zu einem grünen Salat servieren.

SAMOSAS MIT ZUCCHINI UND KURKUMA

ZUBEREITUNGSZEIT: 30 MINUTEN
BACKZEIT: 15 BIS 20 MINUTEN

Für 8 Samosas

- 200 g Zucchini
- 1 EL gehackte Zwiebel
- 1 EL Olivenöl
- 1 TL Currypulver
- 1 Prise Cayennepfeffer
- Salz
- 2 Schmelzkäseecken à 17,5 g
- 250 g selbst gemachter Mürbeteig (siehe S. 7) oder Fertigteig
- 1 Eigelb
- 1 TL Kurkumapulver

• Den Backofen auf 180 °C vorheizen.

• Die Zucchinis waschen und grob reiben.

• Die Zwiebel in einer Pfanne im Öl 3 Minuten andünsten. Curry und Cayennepfeffer hinzugeben. Alles vermengen, dann die Zucchiniraspel hinzugeben. Salzen und einige Minuten auf mittlerer Stufe garen, damit das Gemüse Feuchtigkeit abgibt.

• Jede Schmelzkäseportion in 4 Stücke schneiden.

• Den Mürbeteig auf der Arbeitsfläche dünn ausrollen.

• Aus dem Teig 8 Kreise mit je 12 cm Durchmesser ausstechen. Jeweils eine kleine Menge Zwiebel-Zucchini-Mischung und 1 Würfel Schmelzkäse darauf legen und die Samosas formen (siehe S. 8).

• Die Samosas auf ein mit Backpapier belegtes Backblech legen. Das Eigelb in einer Schüssel mit der Kurkuma verquirlen, die Samosas damit bepinseln.

• Die Samosas 15 bis 20 Minuten im Ofen backen. Heiß oder lauwarm zum Aperitif reichen.

SAMOSAS MIT GARNELEN UND KOKOSNUSS

ZUBEREITUNGSZEIT: 30 MINUTEN
MARINIERZEIT: 1 STUNDE
BACKZEIT: 12 BIS 15 MINUTEN

Für 12 Samosas

- 12 küchenfertige Riesengarnelen (TK)
- ½ Bund frischer Koriander
- 1 EL gehackter Knoblauch
- 1 Prise Cayennepfeffer
- 2 EL Kokosmilch
- Salz
- 50 g Kokosraspel
- 6 runde Brick- oder Filoteigblätter
- 50 ml neutrales Öl

• Die Garnelen auftauen. Den Koriander waschen und hacken.

• Den Knoblauch in einer Schüssel mit Cayennepfeffer, Kokosmilch, 1 Prise Salz, 30 g Kokosraspeln und Koriander mischen. Die Garnelen hinzugeben und gut vermengen. Mindestens 1 Stunde marinieren lassen.

• Wenn die Marinierzeit verstrichen ist, die Teigblätter halbieren. Nach den Anweisungen auf S. 9 jede Teighälfte mit 1 Garnele und etwas Marinade belegen und die Samosas formen.

• Das Öl in einer hohen Pfanne erhitzen, die Samosas hineingeben. Auf mittlerer Stufe etwa 3 Minuten auf jeder Seite goldbraun ausbacken (wenn nötig, in mehreren Portionen). Auf Küchenpapier abtropfen lassen.

• Die Samosas mit den restlichen Kokosraspeln bestreuen, heiß servieren. Dazu passt mit Gurke, Mango und Kokosnuss garnierter Basmatireis.

TIPP

Das Auftauen und das Marinieren der Garnelen sollte unbedingt im Kühlschrank passieren!

SAMOSAS MIT SPINAT, CURRY UND MANDELN

ZUBEREITUNGSZEIT: 30 MINUTEN
BACKZEIT: 15 MINUTEN

Für 12 Samosas

- 200 g TK-Spinat, gehackt
- 75 g Frischkäse
- 1 EL Currypulver
- Salz
- 50 g Mandelblättchen
- 6 runde Brick- oder Filoteigblätter
- 1 Eigelb

• Den Backofen auf 200 °C vorheizen.

• Den aufgetauten Spinat in einem Topf auf niedriger Stufe erhitzen, damit er Feuchtigkeit abgibt. Den Frischkäse, das Currypulver und 1 Prise Salz hinzugeben. Vermengen und nochmals erhitzen, bis alle Flüssigkeit verdunstet ist.

• Die Mandeln grob hacken und in einer Schüssel mit dem Eigelb verquirlen.

• Die Teigblätter halbieren. Nach den Anweisungen auf S. 9 jede Teighälfte mit einer kleinen Menge Curry-Spinat belegen und die Samosas formen.

• Die Teigtaschen auf ein mit Backpapier belegtes Backblech legen. Mit der Ei-Mandel-Mischung bepinseln.

• Die Samosas 15 Minuten im Ofen backen, bis sie goldbraun sind. Heiß zu gegrilltem Fisch servieren.

EMPANADAS MIT HÜHNCHEN UND GUACAMOLE

ZUBEREITUNGSZEIT: 30 MINUTEN
RUHEZEIT: 1 STUNDE
BACKZEIT: 15 BIS 20 MINUTEN

Für 6 Empanadas

Für den Mürbeteig

- 125 g Butter
- 125 g Weizenmehl
- 125 g Maismehl
- 50 ml Wasser
- 1 Prise Salz
- 1 Eigelb

Für die Füllung

- 150 g gegarte Hähnchenbrust
- 1 ½ rote Paprika
- 1 EL gehackte Zwiebel
- Salz, frisch gemahlener Pfeffer
- 1 gehäufter EL (Fertig-) Guacamole
- 1 Eigelb

- Den Mürbeteig nach den Anweisungen auf S. 7 herstellen, dabei die beiden Mehlsorten mischen. Den Teig zu einer Kugel formen und 1 Stunde kühl stellen.
- Den Backofen auf 180 °C vorheizen.
- Die Hähnchenbrust und 1 Paprika in Würfel schneiden und mit der gehackten Zwiebel in der Küchenmaschine zu einer groben Mischung verarbeiten. Salzen und pfeffern. In eine Schüssel geben, die Guacamole hinzufügen und alles gut vermengen.
- Die halbe Paprika in feine Streifen schneiden.
- Den Teig auf der Arbeitsfläche dünn ausrollen und 6 Kreise mit je 12 cm Durchmesser ausstechen. Jeweils mit einer kleinen Menge Hühnchen-Guacamole-Füllung belegen und die Empanadas formen (siehe S. 8).
- Die Empanadas auf ein mit Backpapier belegtes Backblech legen. Mit verquirltem Eigelb bepinseln. Mit Paprikastreifen dekorieren.
- Die Empanadas 15 bis 20 Minuten im Ofen backen. Heiß oder lauwarm genießen.

EMPANADAS MIT TOMATEN, PAPRIKA UND CHILI

ZUBEREITUNGSZEIT: 40 MINUTEN
BACKZEIT: 15 BIS 20 MINUTEN

Für 6 Empanadas

- 2 Tomaten
- 1 rote Paprika
- 1 grüne Paprika
- 2 EL Olivenöl
- 1 Knoblauchzehe
- Chilipulver
- Salz
- 250 g selbst gemachter Mürbeteig (siehe S. 7) oder Fertigteig
- 1 Eigelb

• Den Backofen auf 180 °C vorheizen.

• Die Tomaten und die Paprika waschen, fein würfeln.

• Tomaten und Paprika in einer Pfanne im Olivenöl auf niedriger Stufe 15 Minuten dünsten. Am Ende sollte das Gemüse eine Püree-ähnliche Konsistenz haben. Die Knoblauchzehe dazupressen, Chilipulver (Menge nach Geschmack) und Salz hinzugeben und alles gut vermengen.

• Den Teig auf der Arbeitsfläche dünn ausrollen.

• Aus dem Teig 6 Kreise mit je 12 cm Durchmesser ausstechen. Jeweils mit einer kleinen Menge Tomaten-Paprika-Füllung belegen und die Empanadas formen (siehe S. 8).

• Die Empanadas auf ein mit Backpapier belegtes Backblech legen. Mit dem verquirlten Eigelb bepinseln.

• Die Empanadas 15 bis 20 Minuten im Ofen backen. Heiß oder lauwarm genießen.

TIROPITAS MIT AUBERGINEN UND FETA

ZUBEREITUNGSZEIT: 40 MINUTEN
BACKZEIT: 15 MINUTEN

Für 12 Tiropitas

- 200 g Auberginen
- 3 EL Olivenöl
- 1 TL gehackter Knoblauch
- Salz, frisch gemahlener Pfeffer
- ½ Bund frische Minze
- 100 g Feta
- 6 runde Blätter Brick- oder Filoteig
- 1 Eigelb

• Den Backofen auf 200 °C vorheizen.

• Die Auberginen waschen und fein würfeln.

• Das Olivenöl in einer Pfanne erhitzen, darin die Auberginen mit Knoblauch, Salz und Pfeffer etwa 15 Minuten dünsten, bis sie eine püreeartige Konsistenz haben.

• Die Minze waschen und zerzupfen.

• Den Feta in einer Schüssel mit der Gabel zerdrücken. Die gegarten Auberginen und die Minze hinzugeben, alles vermengen.

• Die Teigblätter halbieren. Jede Teighälfte mit einer kleinen Menge Auberginen-Feta-Füllung belegen und die Tiropitas formen (siehe S. 9).

• Die Tiropitas auf ein mit Backpapier belegtes Backblech legen. Mit verquirltem Eigelb bepinseln.

• Die Tiropitas 15 Minuten im Ofen backen. Heiß zum Aperitif servieren.

TIPP

Um Zeit zu sparen, können Sie auch prima ein gutes fertiges Auberginenpüree verwenden.

PIROGGEN MIT WÜRZIGER HACKFÜLLUNG

ZUBEREITUNGSZEIT: 35 MINUTEN
BACKZEIT: 15 BIS 20 MINUTEN

Für 12 Piroggen

- 1 EL gehackte Zwiebel
- 1 EL Olivenöl
- 300 g Rinderhackfleisch
- 1 EL Viergewürz
- Salz, frisch gemahlener Pfeffer
- 250 g selbst gemachter Mürbeteig (siehe S. 7) oder Fertigteig
- 1 Eigelb

• Den Backofen auf 180 °C vorheizen.

• Die Zwiebel in einer Pfanne im Olivenöl auf niedriger Stufe 2 Minuten andünsten. Das Hackfleisch hinzugeben und 4 bis 5 Minuten auf mittlerer Stufe anbraten. Mit Viergewürz, Salz und Pfeffer würzen.

• Den Mürbeteig auf der Arbeitsfläche dünn ausrollen.

• Aus dem Teig 12 Kreise mit je 8 cm Durchmesser ausstechen. Jeweils mit einer kleinen Menge Hackfleisch belegen und die Piroggen formen (siehe S. 8).

• Die Piroggen auf ein mit Backpapier belegtes Backblech legen. Mit verquirltem Eigelb bepinseln.

• Die Piroggen 15 bis 20 Minuten im Ofen backen. Heiß servieren. Sie schmecken am besten zu Borschtsch mit Crème fraîche.

TIPP

Die Piroggen schmecken auch sehr gut mit Lamm- statt Rindfleisch.

SAMBUSAK MIT LAMM UND PINIENKERNEN

ZUBEREITUNGSZEIT: 35 MINUTEN
BACKZEIT: 15 MINUTEN

Für 12 Sambusak

- 1 TL gehackte Schalotte
- 1 EL Olivenöl
- 200 g Lammhackfleisch
- 1 TL gemahlener Kreuzkümmel
- Salz, frisch gemahlener Pfeffer
- ½ Bund glatte Petersilie
- 80 g Pinienkerne
- 6 runde Blätter Brick- oder Filoteig
- 50 ml neutrales Öl

• Die Schalotte in einer Pfanne im Olivenöl auf niedriger Stufe 2 Minuten andünsten. Das Hackfleisch, den Kreuzkümmel, Salz und Pfeffer hinzufügen. 4 bis 5 Minuten auf mittlerer Stufe anbraten.

• Die Petersilie waschen und zerzupfen.

• Das gebratene Fleisch in einer Schüssel mit der Petersilie und den Pinienkernen mischen.

• Die Teigblätter halbieren. Jede Teighälfte mit einer kleinen Menge Hackfleisch-Pinienkern-Füllung belegen und die Sambusak formen (siehe S. 9).

• Das Öl in einer tiefen Pfanne erhitzen und die Teigtaschen darin pro Seite 3 Minuten ausbacken, bis sie goldbraun sind (falls nötig, in mehreren Portionen). Auf Küchenpapier abtropfen lassen. Heiß zum Aperitif servieren.

TIPP

Zu diesen Teigtaschen passt eine pikant gewürzte Tomatensoße.

MIT APFEL, RHABARBER UND INGWER

ZUBEREITUNGSZEIT: 25 MINUTEN
BACKZEIT: 15 MINUTEN

Für 6 Teigtaschen

- 100 g Apfelmus
- 100 g Rhabarberkompott
- Zucker
- natürliches Ingweraroma
- 250 g Blätterteig
- 2 EL Milch

• Den Backofen auf 180 °C vorheizen.

• Apfelmus und Rhabarberkompott in einer Schüssel verrühren. Nach Geschmack mit Zucker bestreuen. 2 Tropfen Ingweraroma hinzugeben.

• Den Blätterteig auf der Arbeitsfläche ausrollen, 6 Kreise mit je 12 cm Durchmesser ausstechen.

• Die Kreise jeweils mit einer kleinen Menge Apfel-Rhabarber-Kompott belegen und die Teigtaschen formen (siehe S. 8).

• Die Teigtaschen auf ein mit Backpapier belegtes Backblech legen. Mit einer Gabel Furchen auf den Oberflächen ziehen.

• Die Milch in einer Schüssel mit 1 EL Zucker und 2 Tropfen Ingweraroma mischen. Die Teigtaschen damit bepinseln.

• Die Teigtaschen 15 Minuten im Ofen backen. Ofenwarm genießen, am besten begleitet von einem Klecks aufgeschlagener Crème fraîche mit Vanillezucker.

MIT ANANAS UND KOKOSNUSS

ZUBEREITUNGSZEIT: 25 MINUTEN
BACKZEIT: 15 MINUTEN

Für 12 Mini-Teigtaschen

- 200 g gezuckerte Ananasscheiben aus der Dose
- 50 g Kokosraspel
- ½ TL Viergewürz
- 250 g selbst gemachter Mürbeteig (siehe S. 7) oder Fertigteig
- 2 EL Puderzucker

- Den Backofen auf 180 °C vorheizen.
- Die Ananasscheiben zusammen mit der Hälfte ihres Saftes pürieren. Den restlichen Saft beiseitestellen.
- Das Ananaspüree in einer Schüssel mit 30 g Kokosraspeln und dem Viergewürz mischen.
- Den Mürbeteig auf der Arbeitsfläche dünn ausrollen. 12 Kreise mit je 8 cm Durchmesser aus dem Teig ausstechen.
- Die Kreise jeweils mit einer kleinen Menge Ananaspüree belegen und die Teigtaschen formen (siehe S. 8).
- Die Teigtaschen auf ein mit Backpapier belegtes Backblech legen. Mit dem restlichen Ananassaft aus der Dose bepinseln.
- Die Teigtaschen im Ofen 15 Minuten backen. Herausnehmen und abkühlen lassen.
- Den Puderzucker mit den restlichen Kokosraspeln vermischen, die Teigtaschen damit bestäuben und genießen.

MIT NUGATSCHOKOLADE

ZUBEREITUNGSZEIT: 25 MINUTEN
BACKZEIT: 15 MINUTEN

Für 12 Mini-Teigtaschen

- 100 g Nugat-Milchschokolade
- 250 g selbst gemachter süßer Mürbeteig (siehe S. 7)
- 1 Eigelb
- 1 EL gebrannte Mandeln oder Haselnüsse, gehackt

• Den Backofen auf 180 °C vorheizen.

• Die Schokolade mit einem Sparschäler in feine Späne hobeln.

• Den Teig auf der Arbeitsfläche dünn ausrollen. 12 Kreise mit je 8 cm Durchmesser ausstechen.

• Auf jeden Kreis ein kleines Häufchen Schokospäne geben und die Teigtaschen formen (siehe S. 8).

• Die Teigtaschen auf ein mit Backpapier belegtes Backblech legen. Mit verquirltem Eigelb bepinseln.

• Die Teigtaschen 15 Minuten im Ofen backen. Herausnehmen und abkühlen lassen.

• Mit gebrannten Mandel- oder Haselnusssplittern bestreuen und genießen.

BANANEN-TEIGTASCHEN MIT MOHN

ZUBEREITUNGSZEIT: 25 MINUTEN
BACKZEIT: 15 MINUTEN

Für 6 Teigtaschen

- 2 Bananen
- 1 TL natürlicher Vanilleextrakt
- 250 g Blätterteig
- 50 g Mohnsamen
- 1 Eigelb

- Den Backofen auf 180 °C vorheizen.
- Die Bananen mit dem Vanilleextrakt in eine Schüssel geben, mit der Gabel zerdrücken.
- Den Blätterteig auf der Arbeitsfläche ausrollen. Mit den Mohnsamen bestreuen, diese mit dem Nudelholz gut in den Teig einarbeiten. Den Teig vorsichtig umdrehen, damit der Mohn auf der Außenseite liegt.
- Aus dem Teig 6 Kreise mit je 12 cm Durchmesser ausstechen. Jeweils mit einer kleinen Menge Bananenpüree belegen und die Teigtaschen formen (siehe S. 8).
- Die Teigtaschen auf ein mit Backpapier belegtes Backblech legen. Mit verquirltem Eigelb bepinseln.
- Die Teigtaschen 15 Minuten im Ofen backen. Lauwarm servieren.

TIPP

Wahre Gourmets können die Teigtaschen auch in eine dunkle Schokoladensoße tauchen: ein Hochgenuss!

MIT ERDBEEREN, FRISCHKÄSE UND SCHWARZEM PFEFFER

ZUBEREITUNGSZEIT: 25 MINUTEN
BACKZEIT: 15 MINUTEN

Für 12 Mini-Teigtaschen

- 150 g Erdbeeren
- 120 g Frischkäse
- 1 EL Zucker
- 250 g Blätterteig
- 1 Eigelb
- frisch gemahlener schwarzer Pfeffer

• Den Backofen auf 180 °C vorheizen.

• Die Erdbeeren waschen und entstielen, einige für die Dekoration beiseitelegen, die anderen sehr fein würfeln.

• Den Frischkäse in einer Schüssel mit dem Zucker verrühren. Die Erdbeerwürfel hinzugeben und vermengen.

• Den Blätterteig auf der Arbeitsfläche ausrollen. 12 Kreise mit je 8 cm Durchmesser ausstechen.

• Die Kreise jeweils mit einer kleinen Menge Frischkäse-Erdbeer-Füllung belegen und die Teigtaschen formen (siehe S. 8).

• Die Teigtaschen auf ein mit Backpapier belegtes Backblech legen. Mit verquirltem Eigelb bepinseln.

• Die Teigtaschen 15 Minuten im Ofen backen. Herausnehmen und abkühlen lassen.

• Die Teigtaschen mit Erdbeerscheiben dekorieren und mit dem Pfeffer bestreuen. Sofort servieren.

MIT MASCARPONE UND KAFFEE-KAKAO-AROMA

ZUBEREITUNGSZEIT: 25 MINUTEN
BACKZEIT: 15 MINUTEN

Für 6 Teigtaschen

- 100 g Mascarpone
- 30 g Zucker
- 1 TL natürlicher Kaffeeextrakt
- 250 g selbst gemachter Mürbeteig (siehe S. 7) oder Fertigteig
- 1 EL Milch
- 1 EL Kakaopulver

- Den Backofen auf 180 °C vorheizen.
- Den Mascarpone in einer Schüssel mit der Hälfte des Zuckers und dem Kaffeeextrakt verrühren.
- Den Mürbeteig auf der Arbeitsfläche dünn ausrollen. 6 Kreise mit je 12 cm Durchmesser ausstechen.
- Auf jeden Kreis eine kleine Menge Mascarponecreme geben und die Teigtaschen formen (siehe S. 8). Die Teigtaschen auf ein mit Backpapier ausgelegtes Backblech legen.
- Die Milch in einer Schüssel mit dem restlichen Zucker verrühren und die Teigtaschen damit bepinseln.
- Die Teigtaschen 15 Minuten im Ofen backen. Herausnehmen und abkühlen lassen.
- Mit Kakaopulver bestäuben und genießen.

MIT DATTELN UND MANDELBLÄTTCHEN

ZUBEREITUNGSZEIT: 25 MINUTEN
BACKZEIT: 15 MINUTEN

Für 12 Mini-Teigtaschen

- 150 g Datteln
- 50 g Crème fraîche
- 20 g Zucker
- 1 TL natürlicher Vanilleextrakt
- 50 g Mandelblättchen
- 250 g Blätterteig
- 1 Eigelb

- Den Backofen auf 180 °C vorheizen.
- Die Datteln entsteinen und mit der Crème fraîche pürieren. Den Zucker und den Vanilleextrakt hinzugeben.
- Die Mandelblättchen grob hacken.
- Den Blätterteig auf der Arbeitsfläche ausrollen. 12 Kreise mit je 8 cm Durchmesser ausstechen.
- Auf jeden Kreis eine kleine Menge Dattel-Vanille-Creme geben und die Teigtaschen formen (siehe S. 8).
- Die Teigtaschen auf ein mit Backpapier belegtes Backblech legen. Mit verquirltem Eigelb bepinseln. Mit den Mandelsplittern bestreuen.
- Die Teigtaschen 15 Minuten im Ofen backen. Heiß oder lauwarm servieren. Dazu schmeckt ein frischer Pfefferminztee.

MIT BIRNE, ERDNÜSSEN UND PISTAZIEN

ZUBEREITUNGSZEIT: 35 MINUTEN
BACKZEIT: 15 MINUTEN

Für 12 Mini-Teigtaschen

- 1 große Birne, noch nicht zu reif
- 2 EL Honig
- 1 Prise gemahlener Zimt
- 50 g Pistazienkerne
- 50 g ungesalzene Erdnüsse
- 250 g Blätterteig

• Ben Backofen auf 180 °C vorheizen.

• Die Birne schälen, entkernen und fein würfeln. In einem Topf mit 1 EL Honig und dem Zimt auf niedriger Stufe 10 Minuten zu Kompott einkochen lassen. Abkühlen lassen.

• Die Pistazien und die Erdnüsse grob hacken. Vermischen und ein Drittel der Mischung für die Dekoration beiseitestellen. Den Rest unter das Birnenkompott heben.

• Den Blätterteig auf der Arbeitsfläche ausrollen. 12 Kreise mit je 8 cm Durchmesser ausstechen.

• Auf jeden Kreis eine kleine Menge Kompott geben und die Teigtaschen formen (siehe S. 8).

• Die Teigtaschen auf ein mit Backpapier belegtes Backblech legen. Den restlichen Honig erwärmen, die Teigtaschen damit bepinseln und mit der restlichen Erdnuss-Pistazien-Mischung bestreuen.

• Die Teigtaschen 15 Minuten im Ofen backen. Lauwarm mit Schlagsahne servieren.

MIT RICOTTA, HIMBEEREN UND ZITRONEN

ZUBEREITUNGSZEIT: 25 MINUTEN
BACKZEIT: 15 MINUTEN

Für 6 Teigtaschen

- 1 unbehandelte Zitrone
- 150 g Ricotta
- 1 EL Zucker
- 250 g selbst gemachter süßer Mürbeteig (siehe S. 7)
- 50 g Mohnsamen
- 1 Eigelb
- 200 g TK-Himbeersoße

• Den Backofen auf 180 °C vorheizen.

• Die Zitronenschale abreiben, die Zitrone auspressen.

• Den Ricotta in einer Schüssel mit dem Zucker und 1 El des Zitronensafts verrühren. Den Zitronenabrieb hinzugeben.

• Den Teig auf der Arbeitsfläche dünn ausrollen. Mit Mohnsamen bestreuen, diese mit dem Nudelholz gut in den Teig einarbeiten. Den Teig vorsichtig umdrehen, damit die Mohnsamen auf der Außenseite liegen.

• Aus dem Teig 6 Kreise mit je 12 cm Durchmesser ausstechen. Auf jeden Kreis eine kleine Menge Ricotta-Zitronen-Creme geben und die Teigtaschen formen (siehe S. 8). Auf ein mit Backpapier belegtes Backblech legen.

• Das Eigelb mit 1 TL des Zitronensafts verquirlen und die Teigtaschen damit bepinseln.

• Die Teigtaschen 15 Minuten im Ofen backen. Lauwarm servieren, mit Himbeersoße beträufelt servieren.

MIT MANGO, INGWER UND LIMETTE

ZUBEREITUNGSZEIT: 25 MINUTEN
BACKZEIT: 15 MINUTEN

Für 12 Mini-Teigtaschen

- 150 g Mango-Fruchtfleisch
- 20 g kandierter Ingwer
- 1 unbehandelte Limette
- 250 g selbst gemachter süßer Mürbeteig (siehe S. 7)
- 1 EL Zucker
- 1 Eigelb

- Den Backofen auf 180 °C vorheizen.
- Die Mango pürieren.
- Den kandierten Ingwer fein würfeln und mit dem Mangopüree vermischen.
- Die Limettenschale abreiben, die Limette auspressen.
- Den Teig auf der Arbeitsfläche dünn ausrollen. 12 Kreise mit je 8 cm Durchmesser ausstechen.
- Auf jeden Kreis eine kleine Menge Mangopüree geben und die Teigtaschen formen (siehe S. 8).
- Die Teigtaschen auf ein mit Backpapier belegtes Backblech legen.
- Den Limettensaft in einer Schüssel mit dem Zucker und dem Eigelb verquirlen und die Teigtaschen damit bepinseln. Mit Limettenzesten bestreuen.
- Die Teigtaschen 15 Minuten im Ofen backen, lauwarm servieren.

MIT APRIKOSE, SESAM UND HONIG

ZUBEREITUNGSZEIT: 35 MINUTEN
BACKZEIT: 15 MINUTEN

Für 12 Mini-Teigtaschen

- 200 g Aprikosen
- 250 g Blätterteig
- 50 g Sesamkörner
- 1 EL Honig

- Den Backofen auf 180 °C vorheizen.
- Die Aprikosen entsteinen und in Stücke schneiden. In einem Topf auf niedriger Stufe 10 Minuten zu Kompott einkochen lassen. Abkühlen lassen.
- Den Blätterteig auf der Arbeitsfläche ausrollen. Mit den Sesamkörnern bestreuen, diese mit dem Nudelholz gut in den Teig einarbeiten. Den Teig vorsichtig umdrehen, damit die Sesamkörner auf der Außenseite liegen.
- Aus dem Teig 12 Kreise mit je 8 cm Durchmesser ausstechen. Auf jeden Kreis eine kleine Menge Aprikosenkompott geben und die Teigtaschen formen (siehe S. 8). Auf ein mit Backpapier belegtes Backblech legen.
- Den Honig in einem Topf erwärmen und die Teigtaschen damit bepinseln.
- Die Teigtaschen 15 Minuten im Ofen backen, lauwarm servieren.

TIPP

Diese kleinen Teigtaschen schmecken auch köstlich, wenn man sie mit etwas Honig beträufelt, der in Zitronensaft aufgelöst wurde.

MIT SAUERKIRSCHEN UND MARONENCREME

ZUBEREITUNGSZEIT: 25 MINUTEN
BACKZEIT: 15 MINUTEN

Für 6 Teigtaschen

- 250 g selbst gemachter süßer Mürbeteig (siehe S. 7)
- 150 g Maronencreme
- 6 Sauerkirschen
- 1 Eigelb

Für die Glasur

- 1 Eiweiß
- 150 g Puderzucker

- Den Backofen auf 180 °C vorheizen.
- Den Teig auf der Arbeitsfläche dünn ausrollen. 6 Kreise mit je 12 cm Durchmesser ausstechen. Auf jeden Kreis eine kleine Menge Maronencreme und 1 Sauerkirsche geben. Die Teigtaschen formen (siehe S. 8).
- Die Teigtaschen auf ein mit Backpapier belegtes Backblech legen. Mit verquirltem Eigelb bepinseln.
- Die Teigtaschen 15 Minuten im Ofen backen. Etwas abkühlen lassen.
- Das Eiweiß in einer Schüssel mit dem Puderzucker verrühren. Die Glasur mit dem Pinsel auf die Teigtaschen streichen – Streifen, Punkte, Wellenlinien … – und die Teigtaschen genießen.

TIPP

Noch besser schmecken die Teigtaschen mit einem Klecks Schlagsahne!

AUSGEBACKENE APFELTASCHEN

ZUBEREITUNGSZEIT: 25 MINUTEN
BACKZEIT: 15 MINUTEN

Für 6 Apfeltaschen

- 2 Äpfel
- 1 Prise gemahlener Zimt
- 250 g selbst gemachter süßer Mürbeteig (siehe S. 7)
- 100 ml Frittieröl
- Zucker

• Die Äpfel schälen, entkernen und in Würfel schneiden. In einem Topf auf niedriger Stufe 10 Minuten zu Kompott einkochen lassen. Zum Schluss der Kochzeit den Zimt hinzugeben. Abkühlen lassen.

• Den Teig auf der Arbeitsfläche dünn ausrollen. 6 Kreise mit je 12 cm Durchmesser ausstechen.

• Auf jeden Kreis eine kleine Menge Apfelkompott geben und die Teigtaschen formen (siehe S. 8).

• Das Öl in einer hohen Pfanne stark erhitzen.

• 2 bis 3 Apfeltaschen ins heiße Öl geben und 2 Minuten auf jeder Seite ausbacken, bis sie gut gebräunt sind. Auf Küchenpapier abtropfen lassen, mit den restlichen Teigtaschen ebenso verfahren.

• Die Apfeltaschen mit Zucker bestreuen und lauwarm genießen.

MIT BACKPFLAUMEN UND PEKANNÜSSEN

ZUBEREITUNGSZEIT: 25 MINUTEN
BACKZEIT: 15 MINUTEN

Für 12 Mini-Teigtaschen

- 200 g weiche Backpflaumen
- 60 g Pekannüsse
- 250 g selbst gemachter süßer Mürbeteig (siehe S. 7)
- 1 Eigelb
- 1 TL Armagnac

- Den Backofen auf 180 °C vorheizen.
- Die Backpflaumen entsteinen und pürieren.
- Die Pekannüsse grob hacken.
- Den Teig auf der Arbeitsfläche dünn ausrollen. Mit den Nusssplittern bestreuen, diese mit dem Nudelholz gut in den Teig einarbeiten. Den Teig vorsichtig umdrehen, damit die Nusssplitter auf der Außenseite liegen.
- Aus dem Teig 12 Kreise mit je 8 cm Durchmesser ausstechen. Auf jeden Kreis eine kleine Menge Backpflaumenpüree geben und die Teigtaschen formen (siehe S. 8).
- Die Teigtaschen auf ein mit Backpapier belegtes Backblech legen. Mit der Gabel einige dekorative Furchen in die Oberfläche ziehen.
- Das Eigelb in einer Schüssel mit dem Armagnac verrühren und die Teigtaschen damit bepinseln.
- Die Teigtaschen 15 Minuten im Ofen backen, lauwarm servieren.

MIT ORANGE UND SALZIGEM KARAMELL

ZUBEREITUNGSZEIT: 20 MINUTEN
BACKZEIT: 15 MINUTEN

Für 6 Teigtaschen

- 1 unbehandelte Orange
- 250 g Blätterteig
- 6 salzige Karamellbonbons
- Zucker

- Den Backofen auf 180 °C vorheizen.
- Die Orangenschale grob abreiben, die Orange auspressen.
- Den Blätterteig auf der Arbeitsfläche ausrollen. 6 Kreise mit je 12 cm Durchmesser ausstechen. Auf jeden Kreis ein Karamellbonbon sowie einige Orangenzesten geben und die Teigtaschen formen (siehe S. 8). Auf ein mit Backpapier belegtes Backblech legen.
- Die Teigtaschen mit Orangensaft bepinseln und mit ein wenig Zucker bestreuen.
- Die Teigtaschen 15 Minuten im Ofen backen, lauwarm servieren.

TIPP

Sie können die fertig gerollten Teigtaschen vor dem Backen auch noch mit Orangenzesten bestreuen.

DANKSAGUNGEN

Diese Rezeptsammlung möchte ich Adèle widmen.

Danke an meine liebsten, stets unverdrossenen Testesser: Florence, Michel, Nounours, Pilou und Otto.

Ich danke Géraldine für ihre Naschhaftigkeit, ihre sorgfältige Arbeit und ihre Wachsamkeit. Ich freue mich sehr über die schönen, brillanten und appetitlichen Fotos von Nathanaël. Auch danke ich dem gesamten Team bei Mango für stete Liebenswürdigkeit und Effizienz sowie Barbara Sabatier für ihr Vertrauen, ihr immer offenes Ohr und ihre besonnenen Ratschläge.

MENGENANGABEN

Flüssigkeiten	Metrisches System	Amerikanisches System	Andere Schreibweise
	5 ml	1 Teelöffel	
	15 ml	1 Esslöffel	
	35 ml	1/8 Tasse	1 oz (oder once)
	65 ml	1/4 Tasse oder 1/4 Glas	2 oz
	125 ml	1/2 Tasse oder 1/2 Glas	4 oz
	250 ml	1 Tasse oder 1 Glas	8 oz
	500 ml	2 Tassen	
	1 l	4 Tassen	

Gewichtseinheiten	Metrisches System	Amerikanisches System	Andere Schreibweise
	30 g	1 oz	
	55 g	1/8 lbs	2 oz
	115 g	1/4 lbs	4 oz
	170 g	3/8 lbs	6 oz
	225 g	1/2 lbs	8 oz
	454 g	1 lbs	16 oz

Temperatur	Wärme	°C	Thermostat	°F
	Gering	70 °C	2–3	150 °F
	Warm	100 °C	3–4	200 °F
		120 °C	4	250 °F
	Mittel	150 °C	5	300 °F
		180 °C	6	350 °F
	Heiß	200 °C	6–7	400 °F
		230 °C	7–8	450 °F
	Sehr heiß	260 °C	8–9	500 °F

Übersetzung aus dem Französischen: Katrin Höller, writehouse, Köln
Lektorat/Redaktion: writehouse, Köln
Satz und Produktion: InterMedia, Ratingen
Umschlaggestaltung: Roman Bold & Black, Köln

Gesamtherstellung: Ullmann Medien GmbH, Potsdam

ISBN: 978-3-7415-2003-7

IN DER GLEICHEN AUSSTATTUNG ERSCHIENEN

EINFACH LECKER